SÓLO UN HILO DE LUZ

Poemario

Sólo un hilo de luz. Poemario
© Esperanza Quintián
© Esstudio Ediciones (Editfuss, S.L.)
c/Arroyo de Pozuelo, 109 • 28023 Madrid

Diseño editorial: Esstudio Ediciones
Primera edición: 979-13-87638-65-8
ISBN: 979-13-87638-65-8
Depósito Legal: M-7595-2026
Maquetación y preimpresión: Esstudio Ediciones
Imprime: DSIG, SL

El papel utilizado para la impresión de este libro no daña el medioambiente, por lo que está considerado como papel ecológico.

ESPERANZA QUINTIÁN

• • • •

SÓLO UN HILO DE LUZ

Poemario

poesía

esstudio
ediciones

A mi hija. Mi gran apoyo. Mi gran amor. Siempre presente en mi vida y en mis pensamientos.

A mis nietos, Marcos y Hugo, de los que he querido ser apoyo desde que llegaron a mi vida. Con los que, desde mi soledad indeseada, puedo contar cada día.

Y en este Poemario excepcional, fuera del tiempo, contaré una vez más con mi querido padre. Aún después de muchos años de su marcha. Ha vuelto a mí como la solución imprescindible para esta recopilación de versos de mi vida, de mis edades, de mis etapas, desde unos inicios muy muy lejanos hasta mi cruda actualidad.

De un poeta se esperan sus versos de adolescencia, de juventud, y aún de madurez... Estos míos llegan mucho más tarde.

Algunos dormían, esperando un momento que no me ha sido fácil hallar.

Otros han estado llegando cada día, desde mi pecho. Desde mi dolor o desde mi amor. Pero todos han sido revisados, releídos, reencontrados, o solamente sacados desde mi hoy a partir de tan solo un recuerdo.

O de una vivencia de mi actual recorrido vital, tan complejo.

Si alguien se detiene a leerlos sólo a mí me encontrará, con cicatrices, un poso de amargura y aún mucha pasión por una vida plena que siempre ha merecido ser vivida.

PRÓLOGO

El momento que fue, el momento que es, el momento que será

En un prólogo a *Las flores del mal*, leído hace años, se comentaba que hay poetas que no escriben ni una línea en toda su vida, por lo que podríamos decir que se trata de poetas del sentir, es decir, que sienten la poesía de la vida y no necesitan recrearla a través de la palabra escrita. Al otro lado de estos poetas están aquellos que, si hacen uso del recurso de la escritura para expresarse de forma continuada y ahora, en medio ambos polos, vamos a situar al poeta más extraño, «el poeta secreto», aquel que, a lo largo de toda una vida, cuando lo necesita, recurre a la poesía para expresarse. Esperanza se encuentra aquí, en este grupo, en el grupo de los poetas secretos, aquellos que cuando lo necesitan o lo sienten, toman su voz poética para liberar emociones. Ella es una 'poeta secreta' que ha decidido dar el paso, y generosa, abrir una puerta hacia su interior para dejarnos entrar.

El título de este prólogo, elaborado a partir de uno de sus poemas, habla del viaje que Esperanza nos propone, un pequeño viaje lleno de lugares comunes, pero en una vida diferente: un paseo nostálgico por un pasado que se fue, pero no del todo, pues sus ecos siguen vibrando en nuestro interior. Un recorrido por aquellas pasiones de la juventud pobladas de ímpetus amorosos. El deseo, un deseo que ella nos acerca desde su mirada, una mirada abierta para una época cuya norma para la mujer era el silencio. Cómo no, el desencanto, y también la vida cuando se manifiesta en su aspecto más cruel llevándose a quien amas y seguirás amando aunque ya no esté. Este momento del poemario es especialmente conmovedor ya que nos retrotrae a aquellos duros y extraños días de esa pandemia que nunca acabaremos de recolocar.

Tomemos la voz de Esperanza y recorramos su palabra, ahora ya también nuestra.

Euloxio Fernández

AMORES, DESAMORES
Y OTRAS SUSTANCIAS

SÓLO UN HILO DE LUZ

Y el viento acaso
golpeando suavemente
en la ventana
crearon la ilusión
de tu presencia
en la penumbra tibia
de la alcoba cerrada

Como un lento
suspiro tembloroso
envolviendo mi cama

Como el aroma intenso
de tus brazos
debajo de mi almohada

Como una impregnación
de todo tú
que mi cuerpo empapara

En el sopor aquel de madrugada,
pegado a mi costado
el calor de tu espalda
me abrasaba

Junto a mi cabeza,
enredado en mi pelo
el roce intenso
de tu cabello negro
me asfixiaba

Mis labios, entre sueños
aún sentían ardiendo
la cálida caricia de tus besos

El viento
abrió de golpe la ventana
Desde el jardín en sombras
subía el dulce olor
de los cerezos

Pensé,
que bajo alguno de ellos
enterré, hacía años
tu recuerdo

SU MIRADA

Cálida y silenciosa,
me abrazaba en tus ojos
Abrigaba mi piel

Aún podría encontrarte
en sus giros oscuros

Y sentir en mi carne
 dormida y olvidada
los besos de tu boca
en el parque en tinieblas
aquel anochecer

Aún recuerdo en tus labios
aroma a hierbabuena
el sabor de mistela…
La presión de tu boca
que inundaba mi piel

Tus frases me agitaban,
como el viento en tormenta
se mece en la arboleda
y remueve la tierra

La cálida marea
de tus besos
me arrastra

Como si aún pudiera
mecerme
entre sus brazos
ahogarme en sus suspiros
respirando por él

Como si aún pudiera
perderse entre los poros
abiertos de mi piel

En busca del oculto
centro tumultuoso
que sólo él descubrió

Lugar perdido
de mí misma
que tan sólo ha existido
por él, y para él

EL VIENTO DE OTOÑO

Ha pasado el tiempo
El viento de otoño
remueve inclemente
mis viejos recuerdos

No siento dolor
No hay cálidas lágrimas
en mis ojos secos

Fuera caen las hojas
Dentro mis silencios
el viejo abandono
y la soledad
Y un regusto acre
que invade la boca
en vez de tus besos

Recuerdo tus labios
besando en silencio
en aquel recodo
en la última mesa
de cualquier café
Y tus ojos negros
prendidos con fuerza
entre mis desvelos

Una brisa suave
abrió la ventana
Pensé ver tu nombre
Como en un destello
deslumbró mis ojos

Se abrió en mi pecho
el hueco cerrado
que hice en tu recuerdo
Esperaba allí,
ansioso, anhelante

Algo que yo supe
no podía darle

Solo era el recuerdo
de una pasión muerta
que no viviría
más que en mis sueños

y en la vieja historia
amarga y añeja
que cuenta cualquiera

pero fue mi historia
y también, fue **nuestra**

A LA ORILLA DE UN ALMENDRO

Quisiera vivir contigo
a la orilla de un almendro
En una casita blanca
En el jardín, cuatro cedros

Por las mañanas el sol
besaría tus cabellos
Yo también los besaría
recelosa de sus besos

Por la noche
con la luna
tus ojos serían negros
Cuevas de negra locura
Yo, me perdería en ellos

Luna y sol
luz y sombra
viento y agua
Quisiera vivir contigo
en una casita blanca

A la caída del sol
reverdecería el huerto
Con un manzano de olor
un pozo y el viejo almendro

Entraríamos los dos
para gritar nuestros nombres
en el pozo medio seco
Para escuchar, entre risas
cómo contestaba el eco

Allá lejos, en el agua que, aterida
tiembla en su frío silencio
nuestra imagen buscaría
el fresco temblor de un beso

Noche y día
muerte y vida
hielo y fuego
Quisiera vivir contigo

A la orilla de un almendro

RIMA

Yo soñé
la otra noche
en la oscura
soledad
de mi alcoba

Soñé que era flor
en el valle
en que tú
dabas sombra

Que era cisne
en el frío lago de tus ondas

Que era mano en tu brazo
beso en tu boca

Soñé que era luz en tus ojos

Que seguía tus pasos
silente y ansiosa
recelando turbar con mi aliento
tu huella anhelosa

¡Soñé que tu amor era mío
y que estaba besando tu boca!

MUERTE PERFECTA

Oscuridad silente
de la alcoba
Fundidos
cuerpo a cuerpo
boca a boca
se amaban en la noche
con la pasión suicida
de quien quizás espera
no ver nacer el día

Tan solo se escuchaba
el latir incesante
de la sangre
en las venas

Se entrelazan los brazos
que desmayan vencidos

Duelo silencioso
se juega entre sábanas
que traban los abrazos

Sofocan los suspiros
las blancas almohadas
Su albura se rebela
en párpados cerrados
que se celan
Un solo pensamiento
un único jadeo
fundirse con el otro
Abrir su mismidad

Manos que se anudan
dedos que se buscan
en tibios rincones
se hunden temblorosos
en la humedad cálida

La carne que anhela

Saliva ardorosa
que baña sus bocas
que arde
en sus lenguas

Susurran los besos
Se sumen los labios
Se enlazan
los cuellos

Se abrasan
las venas
Los dientes esperan
Aún se les niega

Los cuerpos
se buscan sedientos
entre las tinieblas

Piel a piel
carne a carne
Un mismo sudor
les ciega

Entre olor a fieras
son
como agua y hierba
rama y árbol
trigo y tierra

Solo un pensamiento

«Si habré de morir,
¡qué muerte perfecta!»

SIGUE SIENDO PEQUEÑA

Se me va
de las manos
tu niñez
como las hojas
de una planta seca

Se escapa
como el agua
entre los dedos
corre
a buscar la acequia

La oigo caer,
con el crujido seco
de las hojas ya muertas

Es el sonido de mi corazón
que envejece y se queja

Perder tus ojos inocentes
tu sonrisa
tu entrega
Y ese amor que no juzga
que ama sin reservas

Espejo verdecido donde
mi vieja infancia se refleja
mejor que antes
porque al ser la segunda
que yo vivo
me llena aún mucho más
que la primera

Si no supiera que no debo
te diría

¡Por favor,
sigue siendo pequeña!

LOS PESCADOS SIN OJOS

Llegaron a la playa
los pescados
sin ojos

No se supo de dónde
¿Vinieron por el mar
de fondos abisales
donde los monstruos
moran?
¿Fue un barco quien los trajo?

Yertos, en su sentina
Tapizando las olas
con sus lomos
de plata

*Mientras sus ojos ciegos
miraban a ultramar*

Para Hugo
Fuengirola 2010

MIRABA TAN PROFUNDO

Cuando era pequeño
miraba tan profundo
desde sus ojos negros…

Calló
Hasta que supo
los sonidos perfectos

Mi niñito adorado
tan indefenso
Ahora grande y perfecto

Cuando ríe le siento
Cuando calla
me inquieto

Si esperamos su voz
en aquel tiempo
hoy seremos capaces
de esperar
hasta oír su silencio

Para Marcos. Madrid, 2025

ENTRE EL CALLAR,
ENTRE EL NO DEBE SER

Dónde fue aquel amor...

En qué momento fue
¿Fue real acaso?

Perdido tantas veces
entre el *callar...*
entre el *no debe ser...*

Entre no aprisionar
el momento que era
Entre dejar pasar
el momento que fue

¿Dónde está, dónde estuvo?
Tan profundo en mi ser que ni le escucho
Que ni siquiera ya le reconozco

No es, ni tan sólo el eco
de tus viejas palabras
guardadas en tus cartas
que ya
ni siquiera conservo

Solo la huella de tus labios
apresando los míos

Desvanecida, como la pisada
de un pie descalzo
sobre la húmeda arena de la playa

Como el sello
ya gris y desvaído que, sin embargo
con la luz adecuada
recupera su brillo
El azul de tampón
que aún permanece
sobre el papel rugoso y amarillo
del viejo sobre que guardó tu foto

Aquellos roces leves
hurtando
a las miradas

Unos dedos nerviosos
buscando
en la penumbra
mi mano
que esperaba

En aquellos cafés
la mano entre las tuyas
Marcándome
en la piel
tus besos acallados

Entre las sombras de las callejuelas
de aquel barrio de casas diminutas
que mostraban
a la luz mortecina
sus puertas repintadas

Se fue el barrio
y nos fuimos nosotros
No quise hacerte caso
No te creí
Mentías por amor

Me buscaste
otras veces
otras tantas hui

Mi vida me encerraba
Entre el viejo *callar*
Entre el *no debe ser*

Quizá no fuera nunca una verdad

¡Pero fue tan hermoso cuando fue!

UN VIEJO VIOLÍN

Te siento aquí, muy dentro
Allá en el corazón
atado a mis recuerdos

Tiemblo al oír tu voz
y te nombro en secreto

Tu nombre tiene aromas
y sabor de tus besos
resuena en mis oídos
como el viejo quejido
de aquel violín perdido

Sin clavijas ni cuerdas,
entre los cachivaches
de aquel escaparate
Junto a aquel catalejo

Lo encontramos los dos
A mí me deslumbró
a ti te pareció
tan polvoriento

Hoy empiezo a olvidar
cuando no quedan sueños

Me duele el corazón
donde aún queda tu hueco

¡No quisiera perder de ese amor
ni siquiera el recuerdo primero!

Y TÚ HUÍAS...

Si pudieras mirarme aún
otra vez

Hundir en mi mirada
que te busca
la noche tenebrosa de tus ojos

Dejarme que entrevea al menos
en sus fondos
el deseo que ocultas cuidadoso

Deja que sienta el beso silencioso
que escapa
de tus labios
temeroso

Deja a tu cuerpo
que pugna por marcharse
que abandone la noche que lo cerca
para llegar al mío
consumido
en hoguera de amor
que en sí se quema

Es la duda
Te abrasa cada día
romper con todo
o seguir la rutina

Por eso me rehúyes
y escondes
entre risas
tu mirada sombría

Esa oscura pasión que te devora
al reflejo fugaz de mi pasión que
sin pedir, te indaga

Mientras, sigo esperando esa mirada
buscándola en tus ojos
que callan
Mirada oscura
entre tus parpados
Tan profunda,
que me atravesaba

Nunca te tuve

solo aquellas promesas
y miradas perdidas
apenas entendidas

Y algunas esperanzas
Y mentiras...

YA NO ESTABA

Nos encontramos los dos
tras muchos años lejanos

Pero se había marchado

¡Pasó tanto tiempo
desde aquella vez
en que aún le amaba!

Miraba sus labios
su sonrisa amada
La busqué sin suerte
en un agotado
pliegue de su boca

No pude encontrarla

Creí que en su piel
ardería el fuego
que yo recordaba

Su mano era fría
apenas quería
recoger la mía

Era solamente
su envoltura ajada

Él se había ido

*Ni siquiera supe
cuando se marchaba*

Le mire de lejos
porque no supiera
cómo le miraba

Busqué en mis recuerdos
el punto radiante
que me iluminaba

No quedaba nada

No estaban los días
que vivimos juntos
Aquellos rincones
de las viejas calles
en que me besaba

Cuando
en algún cine
pequeño de barrio
buscaba mis manos

Todo está ya muerto
desaparecido

Intentó reír
su risa vacía
copiaba la risa
tibia y jubilosa
que me estremecía

Cuando
aún le amaba

Pensé:

«Si al tocarle
volviera a su piel
el roce ardoroso
que nos consumía»

Su piel era fría
La última copa
helaba su mano

También el olvido
lo había enterrado

MUJERES SOBRE EL PUENTE

DESAPARECIDA

Paseaba por el puente
En el forro del abrigo
un viejo móvil sin carga
ha caído del bolsillo

La mirada torva
Los ojos sin brillo
El viento mueve su pelo
con un oscuro quejido

En la noche silenciosa
se arrebuja en el pañuelo
estremecida de frío

Los torbellinos
del río
le avisan de las corrientes
Ella no escucha su ruido

Luna azulada de invierno
a ratos, entumecida,
espejeaba sus pechos
que el viejo abrigo encubría

Al fondo
temblaba el río
turbulento y aterido
Bajo el puente, el agua oscura
se fundía en remolinos

Plata y noche se ayudaban
para repintar sus canas
Su cara
como de cera
se enmarcaba
entre los rizos
sueltos de su cabellera

Blanqueaba con la luna
que se entrelazaba en ella

La mujer miraba el agua

El hielo de su mirada
y las ramas de los tilos
dejaban mostrar la muerte
como un espectro dormido

Desde el fondo de las aguas
las piedras redondeadas
los cantos ennegrecidos
al rozarse susurraban
su nombre como un gemido

Miró a lo alto
en el cielo
la luna se le escondía
Las nubes se la ocultaban
para que la muerte fuera
más acogedora y tibia

El río
que bajo el puente gemía
Oscuro y tempestuoso
en su curso se perdía

Desde lo alto
del puente
la mujer miraba
al río
Tenía en los ojos
la muerte
como un espectro dormido

DIFERENTE

La vi pasar

Errante

Vagabunda

El recelo su vista desvaría
Un rictus
en sus labios
que hace tiempo
olvidaron la risa

Tiembla su cuerpo
No sé si el frío
o el temor lo agitan

Sobre la piel oscura,
la negritud del ojo
sobre el blanco
baila empavorecida

Farolas encendidas
en el anochecer
se estrellan
en su piel

Destellos que rompen
las sombras oscuras
Que fingen figuras
que se desperezan
en los adoquines
de las callejuelas

Entre la multitud
sus ojos que buscan
la mirada amiga

Ojos urbanos que
al pasar la miran

No la ven

Husmean en el aire
su olor diferente

Acre olor humano
Sus ropas cedidas
aún lo desprenden

Piel y huesos
Carne ardiente

Restos de la noche
pegada a otros cuerpos
al sudor vencida

El olor amargo
al miedo
al vacío
Nostalgia, abandono
silencio

Su olor es angustia

Saberse distinta
en mundo de fieras
Deambula perdida
en la noche urbana

Su búsqueda estéril
de un techo
un lugar

Vivencias sin vida

Lo único seguro
Es sólo el final

MERCENARIA

Vino de un pueblo cualquiera
al que nunca ha de volver

Nadie la recordará
No costó una lágrima
Saben dónde está

Paseaba cadenciosa
bajo el haz vacilante
de las tibias farolas

Una media sonrisa
esbozada en la boca
La lumbre de un cigarro
chispeando en las sombras

Piel blanca que clarea
lo tenue de la ropa
La cumbre de sus pechos
balancea una cruz
más joya que piadosa

Sus uñas acarician
los rizos caucasianos
de tinte desteñido
y caen sobre el escote
de su viejo vestido

Camina lentamente bajo la luz perdida
de farolas que acaban en el amanecer

Se detiene un momento
su paso vacilante
bajo la lividez
de un trémulo neón

La espiga de la media
insinúa entre sombras
el recóndito encanto
que se esconde
en sus piernas

La máscara corrida
de muñeca de trapo
se perfila patética
en el anochecer
Se para en los cristales
Escaparates cutres
de la vieja ciudad

La oferta del cliente
la lleva a aquel cuartucho
La fétida pensión
donde ofrece hasta el alba
sus trucos de mujer

Ardor de diez minutos
La vieja fotocopia
de una pasión real

Desnuda sin reparos
en la cama oxidada
mientras su mente anida
en un viejo lugar

En la casa de barrio
de donde
la miseria
la echó a callejear

Sabanas malolientes
axilas sudorosas
se enfrían al alba
soportando en silencio
el peso del que alquila
Las bocas ignoradas
de salivas perdidas

Camina lentamente
Se apagan las farolas
Una mueca en sus dientes
que no saben reír

VENIDA DE ULTRAMAR

La mujer fumaba
en su vieja silla
en el viejo barrio
de aquella ciudad

Era un buen vecino

Todos lo decían
Cuidaba a la niña
sin pedirle más

Siempre que *la madre*
velaba en el club
llevaba a la niña
con su traje azul
al grupo escolar

Vino de ultramar
Un viejo tatuaje
ya descolorido
oscila en su pecho
sólo al respirar

Era camarera
en un club de carretera
con las letras de neón

La fachada de colores
alumbraba en el arcén
En la calzada en sombras
oscila un fluorescente
El letrero mellado
por los tubos fundidos
que nadie reemplazaba

Cuando vuelve a casa
la niña dormida
se ovilla en la cama

Él vive en el silencio
un amor oculto
a aquella mujercita
que llegó de ultramar

Era muy mayor
Casi era un anciano

Y tan buen vecino…
Lo decía el barrio

Cuidó de la niña
Celó generoso
por la mujercita
llegada del mar
De un país perdido
que no oyó nombrar
Que, según decían
era de Ultramar

Ella muchas noches
apenas podía
llegar al hogar

Un ojo cegado
teñido en violeta
de un golpe perdido
que olvidó esquivar

Él siempre velaba
rumiaba en silencio
y siempre callaba

Hasta aquella noche
que la oyó llegar
en la oscuridad

Casi ni la vio
Sólo imaginó

Sombras en la esquina
quieta entre unos brazos
Ese hombre besaba
su boca soñada
Salió de las sombras,
avanzó en silencio
La luz de la luna
lo hizo brillar

Un segundo apenas
Nadie pudo verlo
Y el viejo tatuaje
ya descolorido,
dejó de oscilar

La mujer fumaba
en su vieja silla
en el viejo barrio
de aquella ciudad

Al haz de la luna
vio el charco y el cuerpo
Falda de colores
aros de metal

El grito se ahogó
en los fríos grises
del alba sin mar

Era un buen vecino
No se supo más

BAJO EL MISMO TECHO

Vivía con él desde siempre
desde el día en que le amó

Quizá fue entre las paredes
del pisito de barriada
cuando la espuma viscosa
que inundaba su garganta
tiño de rojo sus labios
Quizás era que sangraban

Seguía allí

A pesar de que el miedo
deshizo su sonrisa
la vez primera
que notó su puño

A pesar de que el tiempo
le enronqueció la voz
y convirtió
el susurro enamorado en rugido violento

Seguía allí

Pared contra pared
Bajo su mismo techo

Aunque ahora
se asfixiaba
cuando tragaba el aire
que él mismo respiraba

Seguía allí
desde entonces
cuando estaba enamorada

Luego el miedo
se fue posesionando
de todo lo que era
De todo lo que nunca volvió a ser

Se adueñó de su cuerpo
cuando caían los golpes
a menudo
rompiéndole la piel
la dignidad, la esencia

Poco a poco
se filtró por su sangre
bañando sus tejidos
impregno su cerebro quitándole
los sueños
los recuerdos

No se reconocía
en la imagen deforme
que se desdibujaba
por los golpes
por las magulladuras
de su alma

Seguía allí

Esperando
Pared contra pared
varada en el silencio
Nadie hablará
de ella
Nadie la recordó
Sólo el telediario
que equivocó su nombre
la citó

DESDE LOS OJOS DEL MAR

NA TARDE
DO MAR GALEGO

Niebla en las cumbres
El sol tras las nubes
Sobre el agua,
estela de luz dorada

A lo lejos, velas blancas
Ojos del hombre
en la mar

En la tarde que declina
la saloma marinera
devuelve el alma a la tierra

Viejos cantos de saudade
adormecen
al grumete que sestea

El viento en las caracolas
ronronea

El mar abraza la playa
vertiendo sobre la arena
guijarros, polvo de conchas
y unas plumas de gaviota

En los fondos escarpados
habitados por cangrejos
y corales desgajados
se remansan los anillos
de amantes desengañados

Al caer la oscuridad,
vuelven proa los veleros
Las barcas del pantalán
se asoman a la bocana
para empezar a pescar

En la mar, que ya negrea
bajo una noche sin luna
todo es paz

NA TARDE
DO MAR GALEGO

Néboa nas cumes
O sol tras as nubes
Sobre a auga
Ronsel de luz dourada

De lonxse, veas brancas
Ollos do home na mar

Na tarde que declina
a saloma mariñeira
devolve a alma áterra

Vellos cantos de saudade
adormentan
ao grumete que sestea

O vento nasbuguinas
ronronea

O mar abraza a praia
vertendo sobre a area
seixos, po de cunchas
e unhas plumas de gaivota

Nos fondos escarpados
habitados por cangrexos
e corais desgaxados,
remansan aneis
de amantes desengañados

Ao caer a escuridade
volven proa os veleiros
As barcas do pantalán
asómanse a bocana
para empezar a pescar

Na mar,
que xa negrea,
baixo unha noite sen lúa,
todo é paz

Traducción cortesía
de Euloxio Fernández

LA VIEJA BARCA

La barca estaba varada
quieta
dormida en la playa

le azotaba
los costados
la brisa de la mañana

En su quilla medio hundida
se le enredaban
las algas
El sol hacía brillar
su pintura desgastada

No pude verla perdida
abandonada en la playa

Quise botarla a la mar
que le diese vida el agua

¡Cómo la mecía
el viento!

Las olas que la besaban
erizaban sus costados
de blanca espuma rizada

Fue su última singladura

Al alba, aquella mañana
vino en un golpe de mar

La devolvieron las olas
maltrecha y desmantelada
con su vientre de madera
bañado en agua salada

La barca quedo varada
Quieta
dormida en la playa

le azotaba los costados
la brisa de la mañana

Nacida para la mar
la mar vino a sepultarla

SOLEARES DE CÁDIZ

La niña estaba triste
lloraba sin cesar
su llanto ensombrecía
el aire de la mar

Desde el faro, la luz
a ráfagas bañaba
las huellas
de las lágrimas
que surcaban su cara

El viento que erizaba
el mar en La Caleta
encrespaba su pelo
rizando su cabeza

El brillo de un relámpago
cruzó la noche espesa
atravesando el aire
y rasgando las velas

Las olas en la noche
con furia deshacían
los castillos de arena
hechos durante el día

Rompían
en las rocas
sólido abrazo oscuro
Grabando
con su espuma
los gemidos
del viento
como un frío cuchillo

Y la niña lloraba
No se sabe por qué

Por el mar
por el viento
la noche

O ser mujer

DEL CAMINO Y LO POÉTICO

EL CAMINO

Elegí el camino
angosto, torcido
costaba seguirlo

El miedo, la angustia
el cansancio
el frío de la soledad
Y un temblor perdido
en algún rincón,
entre el corazón
y los intestinos

La sonrisa ancha
alta la cabeza
tomadas las manos
La palabra llena

Caminando solos
A veces unidos

La ciudad dormida
Una sola idea
al llegar arriba

Despertar la tierra

Campos soleados
En el horizonte
el sol se ponía

Es viejo el camino
Zarzas y barrancos
la broza baldía

Agosta el calor
la tierra vencida
Juntos empezamos
subiendo la cima

Ya no brilla el sol

Al fin del camino
no se ven los campos
Ni la *Ciudad Nueva*
se yergue en la cumbre
envuelta en la niebla

Quizá aún llegaremos
a pisar la hierba
El sudor resbala
A menudo ciega

Ata las gargantas
de los que quedaron
Abajo
Callados

Seguro que siguen
aunque no les veas
detrás de la niebla
Sólo hay que empezar
a subir la cuesta

Cuando el sol se oculta
respira la noche
se esponja la tierra

Con la amanecida
buscas el camino
en la hierba fresca

Sabes que está ahí

Sólo hay que esperar
a rasgar la niebla

PORQUE SÉ QUE ES MENTIRA

Me gusta ver nacer
flores de nácar
bajo la azul mirada
de los vientos

Ver crecer amapolas
bajo los sauces nuevos
y ver morir la tarde
blandamente
hundiéndose en el mar
como llorosa amante
abandonada
Él nunca volverá»

Ver al sol que madura
bajo parras de oro
uvas de cera
Cómo, bajo los olmos venerables
brota la hierba tierna

Ver áureas crisálidas
que abandonan
su nido de cristal
sabiendo que
en el fondo
son gusanos
con un manto real

Ver cómo se deslizan
hasta el agua
las lágrimas perdidas de la noche
resbalando en los cantos
y al alba se despeñan

Creer que las estrellas son de plata
o quizás, de cristal
que la luna es una lentejuela
o una perla del mar

Me gusta al escuchar una guitarra
soñar que la oigo hablar
que el viento se le enreda
entre las cuerdas
haciéndola llorar

Porque sé que es mentira
me repito muy bajo

Para siempre

queriéndolo creer
aunque sé que mañana olvidaré
cómo te quise ayer

AÚN PUEDE SER LA VIDA

Un solo río aún nos puede salvar

Un río sólo
que en su verde espuma
aún esconda la vida

Donde las carpas y las truchas salten
y se oculten
bajo los cantos blanqueados
por la corriente fría

Que en el oscuro lecho cenagoso
oculte la *semilla*
que abrace mil vidriosas
escamas de cristal
que escapen de los juncos
entre los fondos ocres
con chascar de metal

Un solo mar nos podría salvar

Un mar que encierre
entre sus aguas limpias
los haces de coral

Soledosas anemonas
que, en el azul y negro
de las aguas profundas
se entremezclen
al frío de corrientes oscuras
llegadas de otro mar

Un solo valle aún vivo
nos podría salvar

Un valle sólo,
bajo las estrellas
donde las jaras alcen
su crespada cabeza,
desafiando al aire que las reta

Donde los matorrales verdeantes
llenen los montes
de verrugas costrosas de madera
acariciando el aire

Donde hongos y setas muestren
sus caperuzas coloridas
entre las hojas secas

Donde sólo las bestias sean bestias
y las personas sean
casi humanas
donde sólo entre fieras
el más fuerte
devore al desvalido

Y el hombre nunca sea
como un lobo entre más

Donde sólo se aspire
a alcanzar las estrellas

Donde el ***poder humano***
se pierda
entre las páginas
de libros olvidados

Que, nunca más
podrán ser encontrados

LA CIUDAD. ENTRE EL AYER Y LA URBE

DESPIERTA LA CIUDAD

El rayo centellea
Abre entre desgarrones
el cielo neblinoso
y se baña en un charco

La ciudad somnolienta
despierta entre rumores

La capa cenicienta
que esconde la salida
luminosa del sol
se crece con los humos
de veinte chimeneas
que encendieron sus hornos
antes de amanecer

Los parques en silencio
los setos y caminos
estallan verdeantes

Los gorriones despiertan
se estiran en las ramas
entre hojas nervadas
piando
mientras abren sus alas

Con los primeros rayos
el sol, aún tibio y pálido
espabila la flora

En la espesura
los mantos de colores
de las flores nacientes
se esconden y estremecen

El sol recalienta
el asfalto seco
bajo los neumáticos

En las alcantarillas
fingen arquitecturas
las vertientes doradas
que dejan los borrachos

Las farolas se extinguen
Se muere en la mañana
el refulgir de luces
que abrió el anochecer

Los accesos al metro
descerrojan sus fauces
comienzan a exhalar
su aliento mareante

Se incorpora
al jadeo sonoro
de la fauna durmiente
que despierta
arrastrando los pies

La ciudad despereza
Trepida la calzada
al paso de los buses

En las aceras
sobre las losas
recién regadas
se montan las terrazas

En los cristales
de los escaparates
se refleja
el urbano paisaje

Entre bostezos
los *sin techo*
levantan sus *aduares*
en silencio
Van a perderse
entre viejas callejas
y recovecos

EN EL MADRID DE *LA CHINA*

Al levantarme escuché
como cantaba un vencejo

Soñé volar en sus alas
sin parar en los aleros
Pasando, quizás como el
una vida entera en vuelo

Pensé, en mis manos abiertas
refugiar a un mirlo nuevo
y filtrarse entre mis dedos
su plumaje pelinegro

Pensé que el rio volvía
como lo vi en mi niñez

Que serpenteaba nervioso
entre las calles perdidas
como si tuviera cauce
o como si fuera un río...

Y no la corriente tímida
—un hilillo transparente
de agua escasa y verdeante—
que arrastraba perezosa
su reguero resecado
tras los muros de la cárcel
donde las presas cantaban
coplas por sus criaturas
que crecían enrejadas

Pensé ver, cerca de mí
un prado y una colina

Y un estanque que la brisa
erizaba
con las risas
que se escuchan en las noches
donde suenan las caricias
En realidad, solo vi
una desigual colina
con oropel y quincalla
de los montes de **La China**

En el desmonte
se yergue
la cabeza de Medusa
Hecha de metal y muelles
tan aérea y tan fina
que desde las autopistas
se vislumbra cristalina

Desde entonces
he cambiado
tantas cosas…
tantos días…

El pan por un libro viejo
las uvas por un buen vino
el vino por una risa
y la soledad vencida
por una frase vertida
en la acera de la calle
por bocas desconocidas

Y el despertar del olvido
a esa música querida
que humedecía mis ojos
y entreabría mi sonrisa

LA URBE

La línea azul del horizonte
recorta los perfiles del cemento

La ráfaga de oro
de un sol macilento
pone luz a un entorno
que podría ser negro

Negras las vidas que se esconden
en las oscuras conejeras
Enormes bloques
de hormigón y ladrillo
tabucos de vivienda

En derredor, barrizales
La tierra sucia aparece
entre las briznas de hierba
Escombreras
vertederos que enarbolan
viejos paraguas por bandera

Llueve ceniza
Escaso aire las esparce
Se esconden en los remansos
de la tierra que se abre

Colores grises tapizan
las calles desiertas

La ciudad vomita
al abrirse el día
restos de sus borracheras

La verde enramada
de las plazoletas
teñida de hollín
parece desierta

Pájaros sin dueño
pardos gorriones
cotorras azules
se cruzan entre las ramas
atronando la mañana
con su piar vocinglero

Desde las baretos,
que limpian sus planchas
invaden las calles
las grasas quemadas

Los gatos maúllan en los callejones
sus rotos idilios
Y buscan ratones

Los perros que juegan entre la arboleda
ensayan carreras

Peatones que *circulan*
sueñan al callejear

Vidas ignotas se cruzan
en constante transitar
Marcha que nadie desea
incesante
a sus colmenas

Más allá del centro urbano
colonias residenciales
bañan de color sus calles

En su hábitat de élite
jardines y parterres
perfuman la mañana

Al caer la noche
los grises son negros
la urbe se oculta
detrás de sus velos

Los gatos son pardos
hasta que amanece

LA PÉRDIDA.
EL MISTERIO Y EL DOLOR

NO TE DIJE ADIÓS

Te fuiste
Como en un sueño
Ni siquiera te dije
que te quiero

Ni supe que era aquella
la vez última
que escuchaba tu voz
en el silencio

Tú tampoco
podías escucharme
Ni volverías a oírme
nunca más
Quizás el viento …

Fue al día siguiente
de habernos separado
en la mañana habíamos hablado
tu móvil era viejo
y apenas te escuchaba
estabas asustado
lo sabía
tú no decías nada

No te fuiste a mi lado
Sólo cuatro palabras
perdidas en tu móvil
que quedó descolgado

El adiós
no llegó a tus oídos
ni se quedó en los míos
desolados

Enganchado en las sombras
enredado en los hilos
no sé ni a dónde fue
ni si alguien más
lo quiso

Como si nunca
nos hubiéramos amado
ni hubiera habido nunca
entre los dos
más que aquel viejo
móvil

Descolgado

DOS PISOS ARRIBA

Debió quedarse dormido
Los ojos cerrados
el rostro tranquilo

No bese sus labios
Estarían quietos
Fríos

Si hubiera podido
al tocar sus labios
me helaría un suspiro

Pendería su mano
junto a la camilla
Él acariciaba
mi pelo en la sombra
mientras le vestía

No pude cogerla
Yerta,
entre las mías

Ponerla en mi pecho
devolverle vida

Estaba tan solo
en aquella cama

Yo luchaba lejos
perdida en la mía
buscando la vida

Dos pisos arriba

Un velo de muerte
ligero, difuso
separó mi cuerpo
tan lejos del suyo

Mientras le vestía
pensé que marchaba
a buscar la vida

Sólo le esperaba
la **Muerte** prendida
entre los pasillos
en una camilla

Se llevó consigo
a mi amor distante

Yo no estaba allí
no pude abrazarle
ni oír más su risa
Ni serán ya nunca
sus brazos mi engarce

Hacía una vida
que sus labios cálidos
rozaron mi carne

Él se fue aquel día

Aislada en mi cama
soñaba en delirios
que aún le vería

Dos pisos arriba

Volveríamos juntos,
como otras partidas

Pero volví sola
un mayo perdido

¡CON TANTO COMO HABLAMOS!

Sigues en mí
Tu ausencia
cada día
Aún duele tu partida

En mi recuerdo
sigue aquel dolor
de no saber zanjar
las viejas cuentas
Nunca quisiste hablarlo

Parecías el mismo
de los primeros años
el que envolvió en sus brazos
mi juventud
mi adultez primera

El que me dio amoroso
caricias de sus manos
tan delgadas y fuertes
que nunca he olvidado

No sabías decir
algo romántico
pero ardías de amor
entre mis sábanas

Escondías turbado la mirada
Y callabas

¡Me amaste a tu manera
tantos años!
aunque no lo dijeras

En las tibias arenas
de la playa,
bajo el sol indomable
de los viejos veranos

En las noches serenas
con el mar sosegado
Bajo la luna roja
y el aire que besaba
nuestro abrazo

O en las dunas
y bajo los pinos
sin percibir apenas
la cuchillada
de las verdes agujas

Pero a veces,
me hacías desear
no haberte amado

No conseguía olvidar
mi desencanto
que el camino elegido
no fuera el que soñamos

Eras el mismo
O no
quizá eras otro
pero siempre creí que
el que se fue
seguía en mi pasado

Por eso te esperé
esperé siempre

Esperé tu regreso
perdido en la utopía
de tu sueño frustrado
en aquella quimera
que creaste
para seguir soñando

Hoy cuando ya no estás
olvido todo
Recuerdo solamente
al que dejaste atrás
tu alegría, tu risa,
tu libertad

Lo que más ha dolido
es no haber conseguido
en tantos años
que me escucharas

¡Con tanto como hablamos!

¡QUÉ SOLEDAD TAN PERFECTA!

Después
de perderlo todo
mi pasado
mi contexto

La madre, manos amantes
tibias, suaves, palpitantes
eterna fuente de vida
Sus cuidados día a día
desde que dejé su vientre

El padre que me engendró
que me prestó su pasión
su honestidad
su secreto inalcanzable
para la felicidad
¡Suya, con sólo quererla!

Mi *hermano,* que no lo era
al que amé como si fuera

Mi único *amante* perdido
en una rara deriva

Un final tan *sinsentido*...
tras la vida incomparable
de horas llenas
o vacías...

El dolor inesperado
de faltarme en la distancia
El vacío de una marcha
que no tuvo despedida

Compañero inseparable
de veranos y de inviernos
Largos años
demasiados
ahogados en desencuentros

Caminando sola ahora
entre sombras y recuerdos
que escapan de sus retratos
aferrándose a mis sueños

Amarillentos vestigios
de los afectos ausentes
Sólo me quedan los ecos
de sus voces
que aún recuerdo

Y el olvido
y ese amargo resquemor
Ya casi no quedan vueltas
En la noria de mi vida

Sólo me queda el saber
que a todos
los he perdido

A TRAVÉS DEL TIEMPO

Volver a través del tiempo

A esa casa en que, de niña
esperaba que la vida
fuera ese sueño perfecto
que aún anida en mis recuerdos
Cada noche
en aquel huerto

Escuchando en el silencio
el monótono crujir
del cangilón de la noria
Clan, clan
Clan, clan…

Y una vez más
clan, clan…

Asomando entre las sábanas
temerosa la mirada
por no encontrar
en las sombras
la que quizás me acechaba

Perderme al atardecer
entre árboles y jarales
Descalza sobre la tierra
que hería como cristales

Esconderme en el pajar
entre las espigas rubias
aún calientes por el sol
que bañaba el mediodía
Corriendo tras de las aves
sacadas de sus nidales
Asustando a los polluelos
aventando los almiares

Trepaba por la escalera
que crujía estremecida,
hasta dar con mi cabeza
en las vigas renegridas

El viejo desván olía
a las uvas que colgaban
de las cuerdas retorcidas
Perlas negras
olorosas como el vino
que destilan los racimos

Ya nunca podré volver
la casa se fue en el tiempo

Las personas queridas
quedaron entre sus muros
perdidas en ese olvido
al que algunas veces
vuelvo

LA ÚLTIMA LLAMADA

TRAS DEL ESPEJO

Me miré en el espejo

deslumbrada
buscando en el reflejo
el flash
de mi vida pasada

La sonrisa cohibida
Aquella adolescente
consagrada en silencio
a aquel que la ignoraba

Lagrimas transparentes
resbalan
sobre la superficie
brillante del cristal

Pero aquella mirada

Mi memoria inclemente
no dejaba dudar

Mis ojos indagaban
en el fondo de azogue
esperando encontrar
restos de mi pasado

El brillo tembloroso
de la luz revelaba
aquella lamparita
quieta junto al cristal

Ahora
resueltas las incógnitas
la vida no esperada
retorna a mi memoria
el viejo resplandor

Distorsionada imagen
de los dulces recuerdos
bañada en liquidez

Pero el espejo
descubría implacable
mis rasgos inestables
que eran firmes ayer

Marcaba, sin embargo
con tenaz certidumbre
las líneas de la vida
que fui dejando atrás

Cada dolor, un surco
cada pérdida, lágrimas
Huellas indeseadas
grabadas en mi piel

¡Quebré el espejo veraz!
¡No quise ver su reflejo!

La imagen congelada
de aquel testigo mudo
de mi vida pasada
fue real

Como el espejo roto
reflejando en mil trozos

la verdad

SÉ QUE VENDRÁ

Seguramente
llamará a mi puerta
Apenas podré ver
por la mirilla
su mirada de cera

Quizás, acaso
el brillo macilento
de la su descarnada
calavera

Quizás no avise
y solamente pose
las falanges desnudas
de sus dedos
en mis labios abiertos
mientras mi pecho busca
un soplo del aliento
perdido en la penumbra
de mi cuarto vacío
Seguramente lo estará

Solo conmigo

Quisiera que mi mente esté despierta
como siempre
Soñando, imaginando

Quizás *ELLA*
no me deje seguir

Mis ideas se pierdan
Se enreden en las hebras
del ovillo crespado
que eriza su cabeza

Si aún pudieran
quedarse entrelazados
mi cuerpo desgastado
con mi mente despierta

Aún queda tanto por saber
tanto por hacer

No se podrá
seguramente

Desgajará mis sueños por mitades
hará pedazos todas mis realidades

Sin embargo, vendrá…
cuando menos la espere

Oscura, tenebrosa…
eterna, inabarcable
MUERTE

Sé piadosa conmigo
Si me encuentras dormida
cógeme entre tus brazos
suavemente
y nunca me despiertes

TOQUE DE ÁNIMAS

El callado camposanto
duerme en la noche tranquila

Los álamos se estremecen
con el soplo de la brisa
Sombrean en verdinegro
las lápidas adormidas
Sobre los mausoleos
lámparas mortecinas
bailan tétricas danzas
en las gradas sombrías
y se hunden en la cripta

Senderos entre tumbas
El crujir de guijarros
finge conversaciones
entre perdidos pasos

Las lamparillas tiemblan
brillan en los umbrales
El viento las hostiga,
se encogen, se intimidan
Al fin se desvanecen
con tiemblos de fatiga

Húmedas siemprevivas
y las dalias marchitas
desmayan en las losas
donde fueron tendidas

Su huella desgastada
tapiza el mármol frío
de las blancas estatuas
que alfombran el camino

Junto a marmóreos velos
languidecen los lirios

De la capilla en letargo
llegan ecos de un acorde
que se ha escapado
del órgano

Mientras, el viento vacila

Sus lastimeros quejidos
se enredan entre las ruinas
de la capilla sombría

A LOS POETAS

A GARCÍA LORCA Y MIGUEL HERNÁNDEZ

Echo la vista atrás
A la Historia ignorada

Abierta la sonrisa
el grito alegre
se escapa de la boca
Y con él, la voz de *los Poetas*

Las ideas cuajadas de palabras
se derramaron como el vino fresco
por adoquines y resecas tierras

Crecieron en los pechos
que apenas recordaban
el goce de sentir a sus iguales
Y poder escribirlas
o cantarlas

Soñaron en ahogar entre sus versos
los malos sueños
la ambición sesgada

Pero los pechos abiertos generosos
a la verdad apenas descubierta
cayeron arrasados por los odios
que no habían quedado sepultados

Sembraron en su piel
las rosas de la *Guerra*
La sangre bordó con amapolas
mil heridas abiertas

Bajo los olivos
entre las biznagas
creció la carne muerta
remezclando su lívido martirio
con la hierba reseca

Los conceptos
perdidos sin imágenes
quedaron enterrados
en las gargantas yertas
En un silencio de años
que nadie desvelaba

Tras los amaneceres olvidados
volvió a salir el sol
entre tinieblas

Las ideas crecieron en arroyos
Y bajo las adelfas
florecieron las manos del poeta

SOBRE LAS ILUSTRACIONES

Reseña biográfica del escultor Alfonso Quintián

Alfonso Quintián nació en Madrid el 2 de agosto de 1908. Era el segundo de los cinco hijos de un ganadero gallego, propietario de dehesas y vaquerías, que doblaba la edad a su esposa, una joven riojana de buena familia.

Sus primeros estudios fueron en un colegio privado de los *Hermanos de las Escuelas Cristianas*, orden religiosa fundada por Juan Bautista de La Salle en el siglo XVII, los llamados *«Hermanos del Babero»*. Sin embargo, muy pronto la ruina económica de la familia obligó a sacar a los hijos mayores de los colegios de pago y buscar otras alternativas educativas.

Alfonso continuó su educación en los *Talleres de Arte Granda*, en los que comenzó como aprendiz de tallista y escultor en madera.

Esta importante empresa de arte sacro fue fundada en 1891 por el sacerdote asturiano D. Félix Granda en Madrid, con el objetivo de revivir el arte sacro, en decadencia a finales del siglo XIX, desarrollándose con gran éxito y repercusión a lo largo del siglo XX, hasta su fusión en 2016 con los *Talleres de Ornamentos Los Rosales*, fundados por José María Escrivá de Balaguer.

No obstante deberle gran parte de su afición por la escultura en madera a los talleres de Granda, su profundo interés por las artes plásticas en general y su nula inclinación por la religión le llevaron a matricularse en la *Real Academia de Bellas Artes de San Fernando*, fundada durante el reinado de Fernando VI, y con sede en el Palacio de Goyeneche, en la calle de Alcalá, desde 1773.

Allí fue alumno de D. Marceliano Santamaría (1866-1952), pintor burgalés de gran relevancia y prestigio.

En *Bellas Artes* fue condiscípulo y amigo de José Bardasano (1910-1979), que llegó a ser uno de los más brillantes y reconocidos pintores del siglo XX, y el más reputado cartelista de la propaganda política y social del ejército de la República. Cuando estalla la Guerra Civil, ambos se enrolarán voluntarios en las Milicias Populares del Gobierno de la República.

Alfonso, que durante los años previos a la contienda había descubierto otra pasión tan fuerte o más que la escultura, *EL TEATRO*, recorre los frentes republicanos como profesional y voluntario, de lo que se denominó en aquella época *los cómicos* y *las varietés*. Solo abandonaría esta profesión por el obligado apartamiento al que le somete el gobierno de la dictadura al finalizar la guerra y producirse su encarcelamiento en un campo de concentración, en la que hoy es Comunidad Valenciana.

A partir de ahí, Alfonso retoma su profesión de escultor, abriéndose camino con clientes particulares de diferentes procedencias, tanto de Madrid capital como a través de las exposiciones que realizó, en Madrid y en numerosas ciudades de España.

En gran parte también, su relanzamiento a la escultura en madera se debe a la admiración despertada en los estamentos religiosos de la España de posguerra por su imaginería. Son clientes habituales de su taller el arzobispo de Madrid-Alcalá, Monseñor Casimiro Morcillo, y otras diócesis.

Su profundo conocimiento de los diferentes estilos de la imaginería española, desde el prerrománico al románico, el renacimiento, el barroco, y otros estilos contemporáneos, le cualifican como restaurador permanente de las imágenes antiguas, en distintos estilos, que se han conservado en los diversos templos de pueblos o ciudades. Sus trabajos de restauración le dan renombre entre los responsables del clero de esa etapa. Así el capellán de la iglesia de la Concepción Real de Calatrava, del siglo XVII, conocida en Madrid como *Las Calatravas*, por pertenecer a la orden de las Comendadoras de Calatrava, rama femenina de esta orden militar.

En esta época, diversas iglesias de Madrid le encargarán obras, bien directamente, o por las diócesis correspondientes, o a través de donaciones de sus feligreses.

Así, en la iglesia de San José, en Alcalá-Gran Vía, se puede ver un *Niño del Remedio*, encargado y subvencionado por un donante, feligrés de dicha parroquia. Y en la de Ntra. Sra. de Nuria, en Pacífico, las tres grandes imágenes, casi de tamaño natural, que presiden el Altar Mayor: la *Virgen de Nuria*, el *Jesús Crucificado* y el *Sagrado Corazón de Jesús*, son también obra de Quintián, por encargo del párroco y de la diócesis de esa época.

Falleció en Madrid el 24 de junio de 1987.

Alfonso Quintián era mi padre.

Madrid, marzo 2026

Esperanza Quintián nace en Madrid en la posguerra española.

Hija de republicanos que lucharon en la Guerra Civil, su infancia, su adolescencia y toda su juventud se desarrollan en la España del franquismo, por lo que su personalidad está, en bastante medida, impregnada por el sentido dramático de la vida que ha marcado a varias generaciones de esta etapa.

Su educación está igualmente marcada por la ideología de la época. Su primer colegio es exclusivamente de niñas y, pese a no ser religoso, se reza el rosario los viernes y se celebra el mes de mayo *con flores a María*. A los once años aprueba el examen de ingreso en la Escuela de Peritos Mercantiles de Madrid, sita en la entonces denominada calle de Víctor Pradera, ejemplo ya por sí misma de los cambios introducidos por la ideología dominante (antes de la victoria franquista se llamaba «calle Mendizábal» y a partir de años 80, recupera su anterior denominación de «Juan Álvarez Mendizábal».

Va sacando sus estudios a trancas y barrancas; no es buena estudiante, y siempre le han atraído más la poesía y la literatura que los estudios de matemáticas, cálculo y demás. En su juventud inicia trámites para publicar un poemario, aunque sin resultados. En todos esos años realiza incursiones en actividades profesionales de carácter social.

Su ideología y sus inquietudes la arrastran a un papel de vanguardia. Y durante muchos años su vida se desarrolla entre el trabajo «necesario», el activismo sindical y político, y la familia. Más tarde, a partir de los años 80, empieza a recuperar la escritura poética y la prosa. Y su otra gran emoción, el teatro. En 2010 funda junto con otros compañeros la *Cía. de Teatro Tamerlam*, una compañía amateur con la que ha representado, y representa desde entonces, comedia y drama por diversos espacios teatrales de España.

No ha dejado nunca de escribir. Resultado de esta pasión es la novela publicada en noviembre de 2024 *Cuando llegue la lluvia*.

Y ahora, por fin, el poemario *Sólo un hilo de luz*, que hoy presenta. Una recopilación de sentimientos, ideas y emociones que al fin ha decidido rescatar de los «armarios del alma», y compartir con quienes quieran conocerla un poco más.

Índice

Esta edición de *Sólo un hilo de luz. Poemario*
de Esperanza Quintián
se terminó de editar en Madrid,
en el mes de marzo de 2026